Traumberuf eSportler

Wie Sie mit einfachen Methoden Ihren Skill schnell verbessern, zum Progamer werden und im eSport Fuß fassen - inkl. der besten Gaming Tipps & Tricks

Adrian Eris

INHALT

Das erwartet Sie in diesem Buch

Fast 40 % der Weltbevölkerung spielen Video-spiele. Egal, ob auf dem Smartphone, der Konsole oder am PC, die Gamingbranche wächst rapide – ohne Anzeichen auf Stagnierung. Aber Sie gehören sehr wahrscheinlich einer deutlich geringeren Prozentzahl an, denn Sie spielen nicht nur ab und zu in Ihrer Freizeit ein paar Runden Candy Crush, nein, Sie meinen es etwas ernster.

Vielleicht haben Sie schon mal mit dem Gedanken gespielt, wie es wäre, E-Sportler zu sein, oder Sie wissen ganz genau, dass der nächste Rang schon zum Greifen nah ist. Deshalb haben Sie sich schließlich dazu entschieden, diesen Ratgeber zu kaufen, denn Sie wollen das nächste Level erreichen, weil Sie wissen, dass Sie das Zeug dazu haben. In diesem Buch werden Sie herausfinden, welcher Gamertyp Sie sind und wie Sie die daraus resultierenden Stärken effektiv nutzen. Ich zeige Ihnen, wie und wo Sie die richtige Hardware, Software oder sogar Websites finden und was Sie von den besten Spielern lernen können. Es wird auch darum gehen, worauf Sie außerhalb der Games achten sollten, damit Sie mit voller Energie und Ihrem höchsten Leistungspotenzial in die nächste Session starten können. Die Tipps in diesem Ratgeber können Sie sofort anwenden, um so schnell wie möglich die nächste Stufe zu erreichen. Alles, was Sie brauchen, ist etwas Motivation.

Außerdem ist der Ratgeber allgemein gehalten, sodass für jeden etwas dabei sein sollte. Auch, wenn es für Sie vielleicht nicht unbedingt der E-Sports-Titel sein muss, sondern es Ihnen einfach nur darum geht, besser im Videospiel Ihrer Wahl zu werden. Sind Sie bereit, zu levels?

Faszination E-Sports

Der E-Sport boomt: Immer wieder hört man von millionenschweren Preisgeldern und Gehältern im hohen fünfstelligen Bereich. Finanziert wird das Ganze durch Medienrechte, Merchandising, Ticketing und natürlich Sponsoring und Werbung. Computer und -zubehör Hersteller wie Razer, Intel oder Alienware haben hier den größten Anteil, aber auch Automarken investieren; ein Beispiel hierfür ist die Partnerschaft zwischen G2 ESports, der aktuell erfolgreichsten europäischen E-Sports-

Organisation, und BMW.

Wenn man sich näher mit E-Sports beschäftigt, kommt man an den drei Giganten Counter Strike, Dota 2 und League of Legends nicht vorbei, aber inzwischen gibt es für fast jedes größere Spiel einen Platz in der E-Sports-Szene. Ob Stratege, Shooter-Fan oder Fußball-liebhaber, hier ist für jeden etwas dabei.

Dadurch haben auch schon über sechzig Prozent der Deutschen zumindest von E-Sports gehört, wie sich 2018 in einer Umfrage ergab. Deutschland liegt mit 973 Spielern auf Platz zwei der meisten aktiven E-Sportler, mit 4300 Pro-Gamern belegen die Vereinigten Staaten Platz eins. In diesen wurde auch der "Activate Tech and Media Outlook 2017" durchgeführt, welcher E-Sport als das nächste große Technik-Phänomen bezeichnet. Diese Aussage wurde durch die Annahme, dass E-Sport bald das zweitgrößte Publikum in den USA haben würde, übertroffen nur von der National Football League (NFL), unterstützt.

Hinzu kommt, dass die Popularität im Gegensatz zu anderen Branchen während der Corona-Pandemie nicht einstecken musste, sondern sogar leicht gestiegen ist, da E-Sport durch Online-Events weiterhin ausgetragen werden konnte.

Das Potenzial von E-Sports wurde ebenfalls von traditionellen Clubs erkannt: Die meisten Vereine haben ein FIFA-Team, Schalke 04 war sogar in der League of Legends European Championship (kurz LEC) aktiv, bis das Team im Juni 2021 aus finanziellen Gründen aufgelöst wurde. Fest steht, dass das Interesse am E-Sport auch in der Bundesliga weiter wächst.

Dennoch wird der Markt von klassischen E-Sports Teams wie Fnatic, Evil Geniuses, OG oder Team Liquid dominiert. Diese Organisationen sind nicht auf FIFA beschränkt, sondern haben Teams für verschiedene wichtige E-Sports-Titel wie die bereits erwähnten Counter Strike und League of Legends. Diese Teams quartieren ihre Spieler in sogenannten Gaming-Häusern. Die Gründe dafür sind simpel: Spieler können innerhalb von Minuten für Besprechungen oder Trainings zusammenkommen, lernen sich konstant innerhalb und außerhalb des Spiels kennen und können angemessen gecoacht werden. Wenn man sich House Tours von den Gebäuden ansieht, kann man schnell neidisch werden. Die Spieler haben ein professionelles Trainingsumfeld mit Personal für praktisch alles: Von den persönlichen Coaches bis zu Reinigungskräften und Köchen – die Versorgung und Verpflegung ist nahezu perfekt.

Aber was können Sie daraus mitnehmen, warum erzähle ich Ihnen das? Da hier ein wichtiger Punkt deutlich wird, auf den ich später noch mal genauer eingehen werde, denn Sie können so viel üben, wie Sie wollen, wenn Ihr Körper ermüdet ist, werden Sie keine optimale Leistung erbringen.

E-Sportler haben Köche und persönliche Trainer, damit ihre Körper fit für lange Gaming-Sessions sind. Ich gehe zwar davon aus, dass Sie nicht wie diese Spieler bis zu zwölf Stunden am Tag spielen, aber da Sie besser werden wollen, sind Sie bereit, ebenfalls viel Zeit zu investieren. Deshalb ist der erste Tipp, sich vor oder während längeren Spiele-Sessions mit gutem Essen zu stärken und ausreichend zu schlafen. In einem späteren Kapitel werde ich auf diese Punkte näher eingehen, aber ich möchte Ihnen dies am Anfang mitgeben, damit Sie das meiste aus den nachfolgenden Tipps machen können.

Was macht Sie als Gamer aus?

E s gibt verschiedene Wege, um ein besserer Gamer zu werden. Zuerst kommt es darauf an zu wissen, welchen Weg Sie gehen wollen. Bevor Sie also jede Ecke, Mechanik und jedes Geheimnis Ihres Spiels kennenlernen, sollten Sie zunächst sich selbst kennenlernen. Deshalb soll Ihnen dieses Kapitel helfen, Ihr individuelles Gamer-Profil zu erstellen.

Sie sollten vor allem wissen, welches Ziel Sie im Kopf haben, wenn Sie daran denken, besser zu werden. Wollen Sie einfach ein paar Ränge aufsteigen oder vielleicht sogar aus Ihrer Liebe zum Zocken eine Karriere machen? Möchten Sie in diesem Fall tatsächlich in die E-Sports-Szene einsteigen oder lieber in Twitch-Streams die Zuschauer mit Ihrem Können begeistern? Anhand dieser Fragen können Sie ein Fazit ziehen, wie viel Zeit, Aufwand und möglicherweise Geld Sie in Gaming investieren möchten.

Sie müssen zum Glück nicht über jeden Aspekt selbst lange nachdenken, denn bestimmte Tests zu Ihrer Denkweise und Motivation können dies für Sie übernehmen. Ich stelle Ihnen im Folgenden zwei Tests vor, die Gamern dabei helfen sollen, herauszufinden, aus welcher Motivation sie spielen.

Zum einen gibt es den Bartle-Test, welcher auf der Arbeit von Richard Bartle basiert, der über 16 Jahre hinweg Gamer und ihre Präferenzen analysiert und sie zu diesen interviewt hat. Vorweg sei gesagt, dass der Test für Mehrspieler-Spiele entwickelt wurde und daher für Gamer, die ausschließlich Einzelspieler-Spiele spielen, wenig Sinn ergibt.

Der Bartle-Test unterteilt Gamer in vier Spielertypen. Da wären einmal die Achiever, welche die Herausforderung und das daraus resultierende Erfolgserlebnis lieben. Sie setzen sich eigene Ziele, die darüber hinausgehen, ein Spiel einfach nur durchzuspielen. Ein

Beispiel dafür wären Speedrunner, die gern mal mit dem letzten Boss kämpfen, während andere Spieler sich gerade ihre erste Waffe kaufen. Aber auch, wenn Sie schon mal in einem Spiel alle Erfolge gesammelt haben oder es auf dem höchsten Schwierigkeitsgrad abgeschlossen haben, könnten Sie zu diesem Typen gehören. Es geht darum, sich von anderen Spielern abzuheben und besondere Herausforderungen zu lösen.

Ähnlich wie dem Achiever geht es auch dem Explorer darum, das meiste aus einem Spiel herauszuholen, aber auf eine andere Art und Weise. Der Explorer möchte jeden Stein umdrehen, jeden Berg erklimmen und jede Höhle untersuchen. Der kompetitive Aspekt fällt dabei aber weg, es geht um die Welt und die Immersion in diese. Der Explorer findet zudem gern Bugs und Glitches, um sogar über die Grenzen zu gehen, die vom Entwickler eigentlich vorgesehen wurden. Sein Lieblingsspiel kennt der Explorer wahrscheinlich in- und auswendig.

Ganz im Gegensatz zum Explorer steht der sogenannte Killer. Sie wollen sich entweder konstant mit anderen Spielern messen oder auch neuen Spielern das Leben schwer machen – wortwörtlich. Sie sind hochkompetitiv und stellen Teamplay oder sogar den Sieg in den Hintergrund, solange sie im Match zeigen konnten, dass sie der beste Spieler waren. Es geht diesem Typen einzig und allein um die Domination des Schlachtfeldes.

Der Socializer ist wiederum das Gegenteil vom Killer, wie sich unschwer am Namen erkennen lässt. Ihnen sind nicht etwa die Erfolge oder das Spielen gegen andere wichtig, sondern das Zusammenspielen mit anderen. Sie sind kommunikativ, benutzen also viel den Voicechat, und helfen anderen Spielern. Ihnen ist der soziale Aspekt von Videospielen am wichtigsten.

Niemand ist jedoch nur einer dieser Archetypen. Sie konnten sich wahrscheinlich mit manchen Aspekten aus mehreren Typen identifizieren, was aber von Bartle auch so erwartet wurde. Deshalb werden zur Berechnung insgesamt 200 Prozentpunkte vergeben, die auf die vier Spielertypen verteilt werden. In keiner der vier Kategorien können mehr als 100 Prozentpunkte erreicht werden, sodass ein mögliches Ergebnis beispielsweise 80 % Explorer, 54 % Achiever, 37 % Socializer und 29 % Killer wäre. Für den Quotienten werden dann die Anfangsbuchstaben des jeweiligen Spielertypen in absteigender Reihenfolge angegeben, in diesem Fall wäre man also ein EASK. Die ursprüngliche Website für den Bartle-Test, "guildsafe.com", ist leider nicht mehr zu erreichen, aber es ist eine Neuauflage des

Tests auf der Homepage des Computerspielwissen-
schaftlers Matthew Barr zu finden. Wenn Sie im Internet *Bartle Test* eingeben, können Sie also herausfinden,
welcher Gamertyp Sie sind.

Der Test ist natürlich nicht perfekt, aber er gibt
Ihnen eine gute Orientierung, die Sie durch den zweiten Test erweitern können.

Der zweite Test heißt "Gamer Motivation Profile"
und wurde von Quantic Foundry, einem Marktfor-
schungsunternehmen spezialisiert auf Gamer Motivation, erstellt. Hinter dem Projekt stehen Nick Yee und
Nic Ducheneaut, die sich schon seit über zehn Jahren
mit den Motivationen und Verhalten von Gamern aus-
einandersetzen. Dieses Modell ist heute wohl das fun-
diertste und differenzierteste zur Unterscheidung von
Gamertypen.

Es basiert auf Daten von über 400.000 Gamern und
ordnet sie statt in vier, in sechs Motivationstypen ein.
Diesen Motivationstypen werden jeweils zwei Schlüs-
selbegriffe zugeordnet, die ihren Spielstil ausmachen.

Dem Action-Typ geht es um Zerstörung und Auf-
regung – umso mehr auf dem Bildschirm passiert,
desto besser. Der soziale Typ funktioniert sowohl im
Wettkampf gegen andere als auch im Team mit anderen, Hauptsache, es gibt überhaupt andere Spieler, mit

denen er chatten und interagieren kann. Der Meisterschafts-Typ ist ein Stratege, dem es um Herausforderung und hohe Schwierigkeit geht. Auch im Gamer-Motivation-Profile findet sich ein Achievement-Typ, der alles in einem Spiel erreichen möchte und gern am Ende einen möglichst starken Charakter aufzuweisen hat. Spieler, die sich gern in den Protagonisten und dessen Story hineinversetzen, gehören dem Immersions-Typen an. Ihr Charakter muss nicht unbedingt die beste Ausrüstung haben, sondern soll ausgereift und interessant sein. Zuletzt gibt es noch den kreativen Spielertyp, der sich nicht nur gern durch eigene Kreationen ausdrückt, sondern auch viel erkundet und experimentiert.

Diesen Test finden Sie ganz einfach, wenn Sie "Gamer Motivation Profile" im Internet eingeben und dann die Seite von Quantic Foundry aufrufen.

Durch diese Tests konnten Sie sich nun ein Bild davon machen, was Sie als Gamer ausmacht. Einerseits könnte Ihnen das dabei helfen, neue Spiele für sich zu entdecken, die zu Ihnen passen, andererseits wissen Sie jetzt genau, was Sie eigentlich von einem Spiel wollen. Wenn Sie dies beachten, bleiben Sie länger bei der Sache, was bei einem Vorhaben wie dem Besser-Werden in Videospielen sehr wichtig ist. Schließlich ist das beste Verfahren, um besser zu werden, immer noch das simpelste – viel zu spielen. Natürlich steckt noch mehr dahinter, sonst würde es diesen Ratgeber nicht geben, aber eine gute Motivation, um viel zu spielen, ist ein entscheidender Punkt, um den Spaß beim Spielen nicht zu vergessen.

Ihre Stärken richtig nutzen

Ihre Motivation ist nicht das Einzige, was Sie über sich wissen sollten, wenn Sie ein besserer Gamer werden wollen. Ebenso wichtig ist, dass Sie Ihre Stärken kennen und entsprechend um diese herum spielen. Wenn Sie besondere Skills wie eine schnelle Reaktionszeit, gutes Aim oder besondere Map-Awareness haben, sollten Sie diese nutzen, um Ihr Gameplay auf das höchste Level zu bringen.

Vielleicht sind Sie sich unsicher, wo Ihre Stärken liegen. Das ist ganz normal, da wir beim Zocken nicht ständig darauf achten, was wir selbst gerade tun, schließlich konzentrieren wir uns auf das Spiel, während die Aktionen unseres Körpers von allein kommen. Die einfachste Methode, um schnell herauszufinden, in welchen Aspekten des Spiels Sie gut sind, ist, sich Feedback einzuholen. Fragen Sie zum Beispiel während einer entspannten Gaming-Session einfach mal Ihre Freunde, wo sie Ihre Stärken sehen.

Um die eigenen Stärken zu kennen, kann es auch hilfreich sein zu wissen, wie Sie denken. Auch hierzu finden Sie zahlreiche Persönlichkeits- und Selbsttests im Internet, wie beispielsweise das "Whole Brain"-Modell. Dieses finden Sie auf der Seite des HBDI (Herrmann Brain Dominance Instrument). Der 15- bis 20-minütige Selbsttest zeigt Ihnen anhand eines Fragebogens Ihre Denkstilpräferenzen auf.

Wie können Sie dieses Wissen nun im Videospiel nutzen? In vielen Spielen gibt es verschiedene Rollen oder Charaktere, die eine bestimmte Nische einnehmen. Um die perfekte Rolle zu finden, achten Sie einfach auf Ihre Motivationen und Ihre Stärken.

Wenn Sie geduldig spielen können und gute Map-Awareness haben, könnten Heiler eine gute Wahl sein. Sie brauchen Geduld, da es fatal wäre, wenn Sie als Heiler zu früh sterben. Sie müssen oft in den hinteren

Linien bleiben, damit Sie die Angreifer unterstützen können, die vorne den Schaden ausrichten, aber auch selbst viel einstecken. Diese Rolle passt möglicherweise auch zu Ihnen, wenn Sie sich bei den Motivationstests am ehesten mit dem sozialen Typen identifiziert haben.

Wenn Sie aber nicht viel warten wollen, sondern gern für Unruhe bei den Gegnern sorgen, spielen Sie eine aggressive Rolle wie Angreifer oder Assassinen. In Shootern sollten Sie für diese Rollen gutes Aim haben, in anderen Genres ist es hilfreich, wenn Sie Ihren Charakter ganz genau kennen und mit schnellen Kombinationen Ihre Gegner schwindelig spielen. Die Motivationstypen Action und Killer passen zu Angreifern, während Assassinen aufgrund der geringeren Lebenspunkte auch strategisch denken sollten, es passt also der Meisterschafts-Typ.

Tanks erfordern meist weniger Skill als die anderen Klassen, können aber durch gutes Positionierungsspiel auf einem hohen Level genutzt werden. Wenn Sie eher am Anfang stehen oder sich noch nicht sicher sind, wo Ihre Stärken liegen, sind Tanks eine sichere Wahl. Zu Tanks passt ebenfalls der soziale Typ, da es eine ihrer Aufgaben ist, Mitspieler mit weniger Leben zu beschützen.

Die Auswahl der Rolle, die Sie hauptsächlich spielen möchten, ist letztendlich natürlich Ihre Entscheidung. Wenn Ihnen eine bestimmte Rolle besser gefällt als andere, dann lassen Sie sich nicht davon abhalten, diese zu spielen. Die von mir gegebenen Tipps dienen nur zur Orientierung und nicht als strenge Vorgabe.

Den Spaß am Spielen nicht vergessen

Der folgende Punkt ist einer der simpelsten, aber in der Aussage wichtigsten. Bei all dem Fokus auf das "Besser-Werden", Aufsteigen und Grinden darf natürlich eine Sache nie fehlen: der Spaß am Spielen. Dafür werden Spiele schließlich gemacht, damit wir beim Zocken eine gute Zeit haben. Schotten Sie sich nicht ab und spielen zehn Stunden am Tag den gleichen Spielmodus oder den gleichen Charakter, nur um besser zu werden. Das ist einerseits kontraproduktiv und Sie werden andererseits früher oder später die Motivation und daraus folgend den Spaß verlieren. Bringen Sie, auf welche Weise auch immer, Abwechslung in Ihr Spiel. Ob Sie mal einen anderen Modus spielen, sich ein paar Freunde zum Zocken einladen oder andere Charaktere ausprobieren, ist alles Ihnen überlassen, wichtig ist nur, dass Sie sich nicht zu sehr auf eine Sache verkrampfen.

Es gibt eine Ausnahme für diese Aussage, denn wenn Sie professioneller E-Sportler werden wollen, ist exzessives Training, manchmal auf nur einen Aspekt, Rolle oder Charakter fokussiert, nötig. Auch in diesem Fall sollten Sie natürlich auf Ausgleich achten, haben aber möglicherweise nicht die Freiheit, mehrere Stunden etwas Neues auszuprobieren, da Sie sich auf die Rolle konzentrieren müssen, die Sie in einem professionellen Umfeld einnehmen würden.

Selbst wenn jedoch das Hobby zum Beruf wird, muss der Spaß nicht wegfallen. Das League-of-Legends-Team von G2 Esports, welches 2019 und 2020 nicht nur die europäische Liga dominierte, sondern auch internationale Erfolge verzeichnete, fällt immer wieder dadurch auf, dass die Spieler sich nicht allzu ernst nehmen. Das ist natürlich sympathisch, was sich in der großen Anzahl der Fans widerspiegelt.

Dass der Traumjob E-Sportler, wenn er tatsächlich in Erfüllung geht, sich irgendwann etwas von "Traum" entfernt und näher zu "Job" rückt, lässt sich zwar nicht verhindern, aber Sie können darauf achten, in einem Umfeld zu bleiben, in dem das Spielen nicht nur Pflicht ist, sondern auch genossen werden kann.

Wenn wir wieder kleiner denken und es uns ganz einfach um das Besser-Werden geht, lässt sich der Spaßfaktor deutlich einfacher integrieren. Zunächst brauchen Sie gar nicht erst zehn Stunden oder mehr zu investieren, die meisten anderen Spieler haben dafür schließlich genauso nicht die Zeit, auch wenn es manchmal so aussieht.

Also, wie können Sie in Ihrem Videospiel Spaß haben? Die offensichtlichste Antwort ist, mit Freunden zu spielen, aber was ist, wenn Sie ein Offline-Spiel bevorzugen oder Ihre Freunde nicht das Gleiche wie Sie spielen? Was ist, wenn Sie ein Spiel schon so lange spielen, dass Sie langsam den Spaß an diesem Titel verlieren? Probieren Sie doch mal die folgenden Dinge aus:

Versuchen Sie, alle Erfolge freizuschalten. Spielen Sie mit einer neuen Klasse und probieren Sie eine neue

Weise aus, um das Spiel durchzuspielen. Schließen Sie entweder Herausforderungen ab, die vom Spiel gegeben sind, oder denken Sie sich eigene Herausforderungen aus. Sie könnten versuchen, das Spiel so schnell wie möglich abzuschließen oder es ohne Tod durchzuspielen. Wenn Sie sich das Spiel auf irgendeine Weise schwerer machen, haben Sie ein neues Erfolgserlebnis, sobald Sie es trotzdem durchgespielt haben.

Die beste Methode, um Abwechslung in Ihr Spielerlebnis zu bringen, sind Mods. Sie werden nicht von jedem Spiel unterstützt und können besonders am Anfang kompliziert zu installieren sein, aber wenn Sie ein Spiel noch mal auf eine völlig neue Weise erleben möchten, sind Mods der perfekte Weg dafür. Wenn Sie sich etwas in die Modding-Szene hereingefuchst haben, können Sie Ihr Spiel nach Ihrem Belieben anpassen.

Erholung, Schlaf, Ausgleich – Der Körper hinter dem Bildschirm

Im letzten Kapitel haben Sie sich mit Abwechslung und Ausgleich im Spiel beschäftigt, aber mindestens genauso wichtig ist Ausgleich auch für Ihren Körper. Sich in einem Spiel zu verbessern, ist unmittelbar damit verbunden, viel vor dem PC oder der Konsole zu sitzen. Äußerst langes Sitzen kann zu Zivilisationskrankheiten führen, dies sind Krankheiten, die durch eine bestimmte Lebensweise hervorgerufen werden. Dazu muss aber gesagt werden, dass die meisten E-Sportler sich im Alter von 16–34 Jahren befinden, so das Wissenschaftsmagazin "Impulse" der Deutschen Sporthochschule Köln. In diesem Alter werden die meisten gesunden Menschen die Folgen von Bewegungsmangel nicht direkt spüren.

Trotzdem ist es natürlich besser, wenn auch junge Menschen beim Zocken auf ihren Körper achten. Das Spielgeschehen nimmt nämlich meist so viel unserer Konzentration ein, dass wir körperliche Belange weniger beachten. Es gibt ein intuitives Streben des Körpers, sich durch Bewegung zu entlasten, welches aufgrund des Fokus auf das Spiel häufig unterdrückt oder ignoriert wird. Wenn Ihr Spiel dies ermöglicht, stehen Sie in regelmäßigen Abständen auf und dehnen oder strecken Sie sich kurz.

Ein guter Tipp ist auch die richtige Haltung beim Sitzen: Dr. Matthew Hwu, Betreuer von zwei professionellen E-Sports-Teams, erklärt in einem Gespräch mit der Techniker Krankenkasse, dass es immer um drei wichtige Punkte geht. Der erste Punkt ist der mittlere Rücken, da unser Kopf sich auf diesen stützt und die

Schultern ebenfalls auf ihm liegen. Die Brust soll nach oben geschoben werden, jedoch ohne den unteren Rücken zu sehr zu wölben. Die Bewegung ist nämlich sehr minimal und soll eben nur aus dem mittleren Rücken kommen.

Der zweite Punkt ist der nach vorne geneigte Kopf. Sie kennen das sicherlich, wenn Sie sich zum Beispiel in Shootern nach vorne lehnen, um ja keinen Gegner zu übersehen. Sie gehen näher an den Bildschirm, um jedes Pixel zu durchforsten. Um diese unnatürliche Bewegung auszugleichen, können wir unser Kinn leicht einziehen. Es soll direkt über den Schultern liegen, also nicht so extrem einziehen, wie bei einem Doppelkinn. Die dritte, auch nur subtile Bewegung, ist das Zurückziehen der Schultern. Die Schulterblätter sollten sich am Rücken nicht näher zusammenziehen, es geht nur darum, die Schultern leicht nach hinten zu neigen. Mit diesen Schritten kann eine bessere Ausrichtung der Muskeln erreicht werden – denken Sie einfach an diese drei Punkte: Brust raus, Kinn einziehen, Schultern zurück.

Ein weiterer Tipp, den Matthew Hwu hat, ist, die Hände in einer geraden Position zu halten. Tastatur und Maus sollten so liegen, dass wir unsere Hand nicht zu sehr biegen müssen, um sie zu benutzen. Leichte, neutrale Bewegungen sind am besten. Es reicht, fünf bis zehn Minuten am Tag in der durch die vier Tipps vorgegebene Position zu sitzen, um die Muskeln an diese zu gewöhnen.

Außerhalb des Spielens können Sie Beschwerden durch Sport vorbeugen. Es braucht dafür kein Extremsportler-Work-out, ein paar fokussierte Übungen helfen bereits. Gamer sollten besonders auf ihren Rücken achten, die besten Übungen für diesen sind Planks, Wand-Engel und Supermans. Mountain Climbers und Crunches verbessern die allgemeine Fitness und Push-ups trainieren Arme, Schultern, Brust und Rumpf. Diese Übungen dauern jeweils nicht länger als eine Minute, können also bei wenig Zeit auch zwischen Spielen, zum Beispiel in Ladezeiten, durchgeführt werden.

Ein letzter wichtiger Punkt in diesem Kapitel ist Schlaf. Tatsächlich geht es weniger um die Frage, wie viel man schläft, sondern eher darum, was man vor dem Schlafen gehen macht. Das Gehirn braucht nach dem Spielen noch Zeit, um abzuschalten. Deshalb sollten Sie sich eine Stunde vor dem Schlafen gehen mit etwas anderem beschäftigen und nicht mehr auf den Bildschirm gucken. Musik oder Podcasts zu hören, kann hierbei die Langeweile vertreiben.

Spielen, spielen, spielen

Ich habe es bereits erwähnt, Sie haben es kommen sehen. Jetzt, da der praktische Teil dieses Ratgebers eingeleitet wird, kommen wir nicht mehr drum herum. Sie haben es schon tausendmal gehört, aber wenn es um das Besser-Werden in Videospielen geht, ist es nun mal akkurater denn je. Es ist noch kein Meister vom Himmel gefallen, Übung macht den Meister und so weiter und so fort. Es ist der banalste Tipp, aber doch der Effektivste.

Wenn Sie in einem Videospiel besser werden wollen, müssen Sie viel Zeit in dieses investieren. Die Tipps aus den vorigen Kapiteln helfen Ihnen dabei, diese investierte Zeit voll auszunutzen, indem sie Ihnen gezeigt haben, wie Sie motiviert und fit für lange Sessions bleiben. Jetzt können diese Sessions richtig losgehen.

Schritt eins ist also, zu spielen. Es ist der Schritt, der am meisten Spaß macht, denn Sie müssen nicht einmal großartig darauf achten, anders als sonst zu spielen. Ihr rohes Gameplay kann viel nützlicher sein, als wenn Sie nun besonders darauf achten würden, möglichst perfekt zu spielen. Aus Fehlern kann man immer noch am besten lernen, aber zu all dem im nächsten Kapitel mehr.

Es ist nun mal so, theoretisch könnten Sie den ganzen Tag zocken, ohne sich jemals einen Guide anzusehen, und Sie würden trotzdem besser werden. Es wäre ein langer Prozess und Sie würden möglicherweise bestimmte Gameplay-Mechaniken übersehen, aber jemand, der diese Zeit hat, ist klar im Vorteil. Natürlich sollten Sie niemals das echte Leben für diese Gaming-Sessions vernachlässigen, das wäre ein klares Anzeichen für Sucht, aber wenn Sie die Zeit haben, dann hält Sie nichts auf.

Trotzdem ist es natürlich immer schlauer, eine Mischung zwischen Lernen und Spielen zu finden.

Was ist aber, wenn Sie wenig Zeit haben? Sie können immer noch am Wochenende bei einem Gaming-Abend mit Ihren Freunden trainieren und Sie können sich generell auch mit wenigen Sessions verbessern, aber die E-Sport-Karriere ist dann natürlich deutlich schwieriger. Schließlich wäre diese auch ein Vollzeitjob. Dennoch muss auch für Leute mit wenig Zeit der kompetitive Aspekt nicht wegfallen. Kleine Turniere gibt es in den meisten Spielen auch für Amateure, und bei diesen Events kann man besonders in einem Team mit ein paar Freunden viel Spaß haben.

Wo und wie auch immer Sie spielen, solange Sie ein paar Stunden investieren, werden Sie besser werden. Dieser Ratgeber soll Ihnen dabei eine zusätzliche Hilfe sein.

Für die nächste Session wünsche ich Ihnen aber jetzt erst mal "good luck, have fun"!

Die Wichtigkeit des Replays

Ein ebenso simpler, aber doch wichtiger Tipp, ist das Schauen von Replays. Ich hatte es im letzten Kapitel schon angesprochen und gesagt, dass Sie nicht darauf achten müssen, während des Spielens besonders gut zu spielen und auf keinen Fall Fehler zu machen. Sie merken jetzt wahrscheinlich, worauf ich hinaus möchte, denn diese Fehler können Ihnen helfen. Wenn Sie im Replay erkennen, was Sie falsch machen, können Sie sich dies ganz konkret merken und in Ihren nächsten Runden darauf achten, die

Fehler nicht zu wiederholen. Hier lässt sich auch erkennen, warum das eigene Replay so wertvoll sein kann: Es wird sich von niemandem etwas abgeschaut; das, was Sie sehen, ist Ihr individuelles Gameplay und Sie können ohne Mühe bestimmen, in welchen Bereichen Sie Stärken oder Schwächen haben.

Beim Zocken selbst sind wir in einem ganz anderen Mindset, schließlich muss sich auf mehrere Impulse gleichzeitig konzentriert werden. Was auf dem Bildschirm passiert, muss direkt an das Gehirn weitergeleitet werden und dann muss reaktionsschnell eine möglicherweise spielentscheidende Entscheidung getroffen werden. Da ist es kein Wunder, dass Raum für Fehler entsteht. Beim Ansehen des Replays können Sie dann an sich selbst den stereotypischen "Wer wird Millionär-Gucker" oder Fußball-Fan heraushängen lassen. "Das hätte ich aber gewusst!", "war doch voll einfach!" oder "warum schießt der denn nicht?!", diese Sätze sagen Sie zu sich selbst.

Wenn Ihnen das zu viel ist, merken Sie sich einfach, was Sie hätten besser machen können. Selbst, wenn Sie schon auf einem hohen Level spielen, ein paar kleine Patzer entdeckt man immer. Sie werden hundertprozentig nachvollziehen können, warum Sie diese gemacht haben, schließlich waren Sie ja live dabei, aber achten Sie trotzdem in Ihren nächsten Spielen besonders auf diese kleinen Fehler.

Die Individualität Ihres Replays kann Ihnen enorm weiterhelfen, aber Sie können das Ganze noch einen Schritt weiterbringen. Von Spielern mit hohen Rängen und Pro-Spielern werden oft auch Replays aufgenommen und dann auf YouTube hochgeladen. Anhand dieser Replays können Sie ganz genau abgleichen, was diese Spieler anders machen. Dazu sei allerdings gesagt, dass im E-Sport häufig völlig anders gespielt wird als in normalen Ranglistenspielen. Deshalb lohnt sich manchmal das Replay von hochrangigen Spielern eher als das von E-Sportlern, aber Sie können auch einfach an das Pro-Player-Replay etwas allgemeiner herangehen und eine Menge über Mechaniken und kleine Tricks im Spiel mitnehmen.

Sie fragen sich jetzt vielleicht, wo Sie Replays herbekommen sollen. Wie schon erwähnt, finden Sie Replays von Pros auf YouTube, Sie könnten aber auch Twitch-VODs nutzen. Die wichtigere Frage ist aber, wie Sie Ihr eigenes Replay aufzeichnen können. Manche Spiele haben eine integrierte Replay-Funktion, beispielsweise League of Legends, meistens müssten Sie aber wahrscheinlich auf Drittanbieter zurückgreifen. Wenn Sie schon vorher wissen, dass Sie Ihr Spiel aufnehmen wollen, sind OBS Studio, Fraps oder auch die schon in Windows 10 integrierte Spielleiste die gängigsten Möglichkeiten. OBS Studio ist, allgemein gesehen, das wohl beste Tool, aber es wird immer unterschiedliche Erfahrungen mit den Softwares geben. Wenn Sie meistens erst im Spiel merken, dass diese Runde eine Aufzeichnung wert wäre, ist Nvidia Shadowplay zu empfehlen. Shadowplay steht allerdings nur Nutzern zur Verfügung, die auch eine Nvidia-Grafikkarte besitzen. Für AMD gibt es allerdings die Alternative Radeon ReLive.

Es sei zu allen Programmen gesagt, dass sie natürlich zusätzliche Leistung erfordern und deshalb für den einen oder anderen PC nicht zu empfehlen sind. Wenn man aber ein paar Änderungen an den Einstellungen vornimmt und nicht unbedingt die höchste Aufnahmequalität braucht, können vor allem OBS Studio und Nvidia-Shadowplay im Hintergrund laufen, ohne die Leistung zu sehr einzuschränken.

Die richtige Hardware

Wenn wir schon bei dem Thema Grafikkarten und die Leistung des PCs sind, sollte ein kurzer Blick auf Hardware geworfen werden. Nvidia wirbt gern mit dem Slogan "Frames win games", was natürlich leicht übertrieben, aber im Kern nicht falsch ist. Sie können auch besser werden, wenn Ihr Spiel ab und zu kurz einfriert oder Sie mal ein paar Frames verlieren, aber es macht definitiv weniger Spaß und Sie sind immer dem Risiko ausgesetzt, dass Ihr PC im wichtigsten Moment plötzlich nicht mehr mitmacht. Deshalb soll es in diesem Kapitel darum gehen, welche Hardware solche Situationen verhindert.

Viele Leute fragen sich, welche die richtige Maus, Tastatur oder Bildschirm ist. Aber auch fundamentale Teile innerhalb des PCs sind natürlich wichtig, wenn Gaming zu etwas mehr als nur dem Hobby für zwischendurch werden soll.

Fangen wir doch ganz am Anfang an: Laptop oder Desktop-PC?

Während die Gaming-Laptops immer besser werden und es inzwischen erstaunliche Innovationen auf diesem Markt gibt, wird sich aus Desktop-PCs in allen Fällen mehr herausholen lassen. Es ist eben mehr Platz für leistungsstarke Hardware, aber die muss man sich auch erst mal leisten können. Wenn Sie ein Komplettpaket bevorzugen, vielleicht viel unterwegs sind und etwas Leistung einbüßen können, dann sind Gaming-Laptops lange keine schlechte Entscheidung mehr. Die wirklich guten Modelle sind zwar auch keineswegs günstig, aber Sie kriegen bei Laptops immerhin Tastatur und Bildschirm direkt dazu (technisch gesehen auch die Maus, aber niemand benutzt Trackpads). Wenn Sie aber hauptsächlich an nur einem Ort spielen, wird sich langfristig gesehen ein Desktop-PC lohnen.

Was muss denn nun darein? Es gibt sieben Komponenten, die einen PC ausmachen: Mainboard, Grafikkarte, Arbeitsspeicher, CPU, Festplatte, Netzteil und Gehäuse.

Besonders wichtig, wenn Sie aktuelle Titel mit hohen Grafikeinstellungen spielen wollen, ist natürlich die Grafikkarte. In diesem Fall bräuchten Sie eine Grafikkarte mit mindestens acht Gigabyte Videospeicher, wenn Ihnen allerdings niedrige Einstellungen reichen oder Sie nicht die aktuellen Titel spielen, könnten Sie einen Kompromiss mit vier Gigabyte Videospeicher setzen. Es ist auch wichtig, dass die Grafikkarte ihre maximale Leistung erbringen kann, ohne zu heiß zu werden. Achten Sie besonders bei Laptops, aber genauso bei Desktop-PCs, auf eine gute Kühlung und genug Platz für Luftzirkulation im Gehäuse.

Bei der CPU haben Sie die Wahl zwischen Intel und AMD. Im Preisleistungsverhältnis liegt AMD aktuell vorn, dies kann sich aber immer wieder ändern, also informieren Sie sich vor einer Kaufentscheidung. Achten Sie auf ausreichend Arbeitsspeicher; wenn das Budget es zulässt, sind 16 Gigabyte zu empfehlen, es gilt aber wieder, dass für ältere Titel und niedrigere Einstellungen acht Gigabyte reichen.

Aktuelle Spiele brauchen viel Speicherplatz, weshalb eine große Festplatte benötigt wird. Es gibt zwei Varianten, HDDs und SSDs. SSD steht für Solid State Drive, sie ist zwar teurer als die HDD, erbringt aber auch die schnellere Leistung. Das Betriebssystem wird hier gespeichert und Sie können einige Spiele auswählen, die Sie besonders häufig zocken und diese auf die SSD installieren. Auf die HDD kann dann alles andere: Bilder, Musik, Videos und andere Spiele, die weniger Leistung brauchen oder die Sie nicht so häufig spielen.

Die Rolle des Gehäuses sollte nicht unterschätzt werden. Es schützt die Hardware schließlich vor Verunreinigungen und vor Beschädigungen, unterstützt aber auch die Kühlung der Komponenten, sofern die Lüfter dafür ausgelegt wurden.

Genau wie das Gehäuse ist auch das Netzteil wichtiger, als man denkt. Bei Komplett-PCs ist es natürlich schon dabei, aber achten Sie, besonders wenn Sie zum Beispiel eine leistungsstärkere Grafikkarte einbauen, darauf, dass der PC mit ausreichend Strom versorgt wird.

Jetzt, da wir die Hardware im PC einmal durchgegangen sind, können wir uns mit Maus, Tastatur und Bildschirm beschäftigen. Bei diesen muss man zum Glück auf nicht so viel achten wie bei den inneren

Komponenten. Theoretisch können Sie mit jeder Maus Erfolg haben, wenn das Aim stimmt, und irgendeine Tastatur benutzen, solange sie funktioniert. Dennoch wollen wir natürlich auch hier jeden Vorteil nutzen, den wir kriegen können.

Als Gamer sollten Sie nach einer Maus mit 2000 DPI oder mehr Ausschau halten. DPI steht für Dots per Inch und definiert, wie viele Punkte pro Zoll die Maus erkennen kann. Je höher der eingestellte DPI-Wert, desto feiner und empfindlicher ist die Abtastung.

Die Maus sollte natürlich auch zur Größe Ihrer Hand passen, damit Sie beim Zocken einen natürlichen Griff haben. Ob Sie eine leichte oder schwere, kabellose oder kabelgebundene Maus bevorzugen, ist Ihnen überlassen. Es gibt jeweils Vorteile und Nachteile, welche aber sehr minimal sind. Sie müssen hier individuell entscheiden, mit welchem Modell Sie am besten zurechtkommen.

Auch bei Tastaturen geht es um persönliche Präferenzen. Am relevantesten sind wohl die Switches, die Sie verwenden wollen. Von dem deutschen Hersteller Cherry gibt es zum Beispiel Cherry MX Brown und Black Switches. Brown Switches haben eine geringe Auslöseschwelle, eignen sich also für Spiele, in denen Sie schnell reagieren und Tasten nur kurz drücken müssen. In Spielen, bei denen jeder Tastendruck entscheidend ist, eignen sich hingegen Black Switches, da diese einen leichten Widerstand leisten, wodurch es seltener zu versehentlichen Bewegungen kommt.

Bei Bildschirmen sollten Sie in jedem Fall auf die Bildwiederholungsrate achten. Je höher diese ist, desto öfter baut das Display ein Bild pro Sekunde auf. Sie sollte zu der Auflösung Ihres Monitors passen, so können bei einer hohen Auflösung wie 1440 p 144 Hz angenehmer sein als nur 50 Hz auf einem 4K-Monitor. Generell gilt, dass die Anzahl der Bilder pro Sekunde wichtig für ein flüssiges Spielerlebnis ist, weshalb eine Frequenz von 120 Hz zu empfehlen ist. Es ist kein Muss, aber Sie werden einen Wechsel von 60 auf 120 Hz nicht bereuen.

Software und Websites

Neben teurer Hardware gibt es auch allerlei kostenlose Software, mit welcher Sie die Leistung Ihres PCs verbessern können. Dies ist natürlich bei Weitem nicht so effektiv wie Hardware-Upgrades, kann Ihnen aber durchaus zu ein paar FPS mehr verhelfen.

Mit den folgenden fünf Programmen holen Sie selbst aus einem alten PC alles raus, was geht.

Mit dem "Razer Cortex: Game Booster" können Sie verschiedene Einstellungen für ein an Ihren PC angepasstes Spielerlebnis optimieren. Das Ganze funktioniert für jeden Launcher, ob Steam, Origin oder Epic Games. Durch diese Anwendung können Sie nicht nur einen bereits starken PC verbessern, sondern auch aus einem älteren Gerät noch etwas Leistung herausholen.

Um das Maximum aus Ihrer GPU herauszuholen, lässt sich der MSI Afterburner empfehlen. Diese Software vereinfacht den normalerweise komplizierten Prozess des Übertaktens. Das Übertakten kann die Leistung und Geschwindigkeit Ihrer Hardware deutlich verbessern, ist aber nicht ohne Risiko. Die Gefahr besteht, dass ein zu stark übertaktetes Gerät überhitzt, weshalb Sie sich in jedem Fall vorher genauer über das Übertakten informieren und die Kühlung auf die maximale Stufe setzen sollten.

CPU-Z liefert Ihnen detaillierte Informationen zur Leistung Ihres PCs, sodass Sie diese ebenfalls verbessern können. Das Programm ist zwar eher unübersichtlich, aber wenn Sie es ernst meinen mit E-Sport oder Streaming, lohnt es sich, die Zeit zu investieren. Schließlich geht es darum, alles aus Ihrem PC herauszuholen.

Sie haben sicherlich schon bemerkt, wie ein PC mit der Zeit langsamer wurde. Dies liegt normalerweise an einer Reihe verschiedener Faktoren, aber einer davon ist das Ansammeln von Dateien, die ab einem gewissen Punkt sehr viel Platz einnehmen. Um diesem Problem entgegenzuwirken, gibt es zum Glück kostenlose Programme. "Piriform CCleaner" löscht Dateien, die Sie nicht mehr brauchen, automatisch. Sie müssen nur vorher einen Blick in die Einstellungen von dem Programm werfen, damit es keine gespeicherten Daten löscht, die Sie eigentlich gern behalten würden. Die Anwendung ist aber recht übersichtlich, wodurch dies kein allzu großes Problem darstellen sollte.

Wenn Sie bei dieser Sache aber auf Nummer sicher gehen wollen, ist "Iolo System Mechanic" eine gute Alternative. Es gibt vielleicht nicht ganz so viel Speicherplatz frei wie "Piriform CCleaner", über das Löschen von Dateien, die Sie noch brauchten, müssen Sie sich aber keine Sorgen zu machen.

Eine Anwendung, die sich nicht auf die Leistung Ihres PCs, sondern auf Ihre Leistung konzentriert, ist f.lux. Besonders, wenn Sie bis spät in die Nacht zocken, ist dieses Programm zu empfehlen, da es den Bildschirm automatisch dimmt. Ihre Augen werden geschont und es kann dabei helfen, nach langen Sessions besser einzuschlafen.

Jetzt wollen wir aber endlich darauf zurückkommen, im Spiel besser zu werden. Hier gibt es nicht so eine große Auswahl an Programmen, da natürlich jedes Spiel andere Voraussetzungen hat. Ein universelles "Besser-werden"-Tool gibt es also nicht, aber ein bestimmtes Genre wird durch einen immer wieder gefragten Aspekt vereint. Die Rede ist von Shootern. Egal, ob "First person" oder "Third person", in Shootern ist immer Aim gefragt. Deshalb wärmen sich viele Spieler gern mit "Aim Lab" auf. "Aim Lab" ist ein kostenloses Spiel, in welchem Sie in den verschiedenen Arenen trainieren können. Nicht nur das, Sie bekommen auch detaillierte Grafiken, auf denen Sie Ihre Präzision einsehen können. Dieses Spiel ist eine der besten Möglichkeiten um besser zu werden, wenn Sie hauptsächlich Shooter spielen.

Für andere Genres ist ein solches Spiel natürlich viel schwerer umzusetzen, aber im Internet finden Sie eine bestimmte Website, auf welcher Sie Tipps zu fast jedem Spiel finden werden – reddit. Auf reddit finden Sie Communitys für nahezu jedes Spiel. Suchen Sie einfach nach einem Spiel Ihrer Wahl und treten Sie dem entsprechenden Subreddit bei. Auf diesem werden Sie Posts rund um dieses Spiel finden, sei es Fanart, Diskussionen oder Tipps. Ein solcher Subreddit kann auch der richtige Ort für Fragen Ihrerseits sein, da sich ein Großteil der Community bereits gut mit dem Spiel auskennen wird. Wenn Sie ein populäres Spiel mit Fokus auf verschiedene Charaktere wie "Overwatch", "Apex Legends" oder "League of Legends" spielen, umso besser, denn dann gibt es meist sogar Subreddits für bestimmte Charaktere. Auf diesen werden dann spezifische Tipps und Tricks ausgetauscht, wodurch Sie schnell besser mit dem jeweiligen Charakter werden können.

Spezifische Guides finden Sie aber auch auf anderen Websites. Auf YouTube zum Beispiel finden Sie Videos zu so ziemlich jedem Spiel. Ansonsten können Sie auch einfach Guides zu Ihrem Charakter im Internet suchen und gucken, was Sie so finden. Wenn Sie einen bestimmten Charakter meistern wollen, lohnt es sich definitiv, sich mal einen Guide durchgelesen oder angeschaut zu haben.

Zu vielen Spielen gibt es auch ein Wiki, also ein Mini-Wikipedia, welches sich explizit mit dem jeweiligen Spiel auseinandersetzt. Hier finden Sie nicht nur Guides zu bestimmten Charakteren, sondern viele verschiedene Informationen rund um das Spiel. Wenn Sie an einer Stelle nicht weiterkommen oder ein Secret nicht finden, sind Wikis meistens die richtige Adresse.

Die Welt der Pros und Streamer – Von den Besten lernen

Egal, ob E-Sportler in kompetitiven Spielen oder Speedrunner in RPGs, jedes Spiel hat eine kleine Szene von Profis, die auf einem ganz anderen Level als 99 Prozent der anderen Spieler sind. Sie haben das Spiel in nahezu jedem Aspekt gemeistert, was so beeindruckend ist, dass man diesen Spielern gern zuschaut. Ab diesem Punkt können Sie also Geld verdienen und die vielen investierten Stunden zahlen sich aus. Natürlich sind einige dabei deutlich erfolgreicher als andere; wer auf Livestreamingplattformen sein Geld verdienen will, muss den eigenen Stream gut vermarkten. Schließlich gibt es mehrere Streamer, die auf einem sehr hohen Level spielen. Einen Vorteil hat man da, wenn man während des Zockens noch unterhaltsam sein kann und Zuschauer mit seiner Persönlichkeit überzeugt. Das ist jedoch leichter gesagt als getan, denn das Unterhalten der Zuschauer wird etwas Konzentration vom Spielgeschehen wegnehmen. Hier muss erst mal eine gute Balance gefunden werden.

Im E-Sport hingegen muss man aber nur gut spielen, oder? Nun ja, man hat zumindest nicht die Aufgabe, alle Zuschauer allein zu unterhalten. E-Sport ist aber insgesamt auch eine andere Welt als Streaming. Dadurch, dass es lange und feste Trainingszeiten gibt, hat man weniger Freizeit für sich selbst. Es ist professioneller und strenger als Livestreaming, aber das Einkommen ist sicherer. Dazu sei noch gesagt, dass sich Livestreaming und E-Sport nicht ausschließen, aber es gäbe eine Haupteinkommensquelle, während das andere im Hintergrund steht.

Welche der beiden Arten, um mit Zocken Geld zu verdienen, Sie wählen, ist Ihnen überlassen. Aber um überhaupt den Luxus einer solchen Wahl zu haben, müssen Sie erst mal sehr, sehr gut sein. Zum Glück gibt es schon Streamer und E-Sportler, von denen Sie sich so einiges abschauen können.

Im E-Sport wird auf dem höchsten Level gespielt. Wenn Sie sich alles abschauen würden, was diese Spieler machen, würden Sie besser werden. Es ist aber gar nicht so einfach, sich bei Turnieren auf einen E-Sportler zu konzentrieren und von diesem zu lernen. Schließlich wird versucht, dem Zuschauer möglichst viel Übersicht zu bieten, sodass sich nicht nur auf einen Spieler konzentriert wird.

Zudem müssen Sie beachten, dass E-Sport in vielen Spielen ganz anders gespielt wird als normale Runden. Es geht eben um mehr, weshalb oft defensiver und überlegter gespielt wird. Hinzu kommt, dass Pros in Teamspielen stets miteinander kommunizieren, was in normalen Runden nicht so einfach möglich ist. So kommt es, dass der Spielstil sich mehr oder weniger stark unterscheidet, weshalb Sie nicht einfach alles, was die Pros machen, kopieren können. Trotzdem kann es nicht schaden, sich die besten Spieler der Welt anzugucken. Wer Interesse an E-Sport hat und diesen aktiv verfolgt, kann definitiv auch etwas über das Spiel lernen und somit besser werden. Behalten Sie einfach im Hinterkopf, dass Sie nicht jede Strategie eins zu eins kopieren können, da es oft an Kommunikation und Koordinierung fehlt, die bei E-Sportlern selbstverständlich ist.

Auf Livestreamingplattformen wie Twitch finden Sie hingegen alles. Ob E-Sportler, die ein paar Runden spielen, Speedrunner oder einfach Spieler wie Sie selbst, es ist meist alles dabei. Spieler, die besonders gut sind, haben meistens ohnehin hohe Zuschauerzahlen, weshalb es nicht allzu schwer sein sollte, sie zu finden. Klicken Sie sich durch ein paar Streams und schauen Sie Ihrem Favoriten zu. Sie werden bestimmt etwas lernen können.

Es gibt allerdings auch einen Vorteil, wenn Sie sich einen kleinen Streamer suchen. Diese werden Ihnen nicht direkt vorgeschlagen werden, weshalb Sie etwas suchen müssen, aber wenn Sie einen sympathischen Streamer gefunden haben, der auch noch gut im jeweiligen Spiel ist, haben Sie einen kleinen Jackpot. Der Vorteil ist nämlich, dass kleinere Streamer viel einfacher auf den Chat eingehen können. Sie können sich per Streamchat unterhalten und Fragen stellen. Die meisten kleinen Streamer werden sich freuen und

Ihnen gern ein paar Fragen beantworten.

Dann wären da noch Speedrunner. Dies ist die populärste Art von sogenannten Challenge-Runs, aber da hört es lange nicht auf. No-Death, No-Hit, All-Achievements, Blindfolded, No-Level-up, No-Items und so weiter, all diese Herausforderungen nehmen Gamer in ihrem Spiel an.

Es ist beeindruckend, diesen Spielern zuzusehen, aber können wir von ihnen lernen? Normalerweise ja, denn sie müssen, um solche Runs zu meistern, das Spiel in- und auswendig können. Beim Speedrunnen werden jedoch manchmal große Teile des Spiels durch Bugs und Glitches übersprungen. Wenn Sie dies stört, ist das aber kein Problem, denn es gibt verschiedene Kategorien im Speedrunning. Any % heißt, dass so viel übersprungen werden darf, wie möglich, denn es geht nur darum, das Spiel so schnell wie nur möglich durchzuspielen. 100 % hingegen heißt, das gesamte Spiel durchzuspielen. Jedes Achievement wird geholt und jedes optionale Gebiet abgeschlossen.

Sie können sich vorstellen, dass der Zeitunterschied zwischen diesen beiden Kategorien enorm ist. Dazwischen gibt es beispielsweise noch All-Bosses, bei diesen Runs können zwar Gebiete übersprungen werden, aber keine Bosse. Wenn Sie also mit Bosskämpfen

Probleme haben, können Sie durch diese Runs Strategien gegen die schwersten Gegner lernen. All diese Aspekte bestimmen also das Ziel des jeweiligen Runs. Dann wird aber noch unterschieden, ob Glitches erlaubt sind. Wenn Sie das Spiel so sehen wollen, wie Sie es wahrscheinlich erlebt haben, suchen Sie einfach nach "glitchless Speedruns". Es kann zwar sehr unterhaltsam sein, wenn Speedrunner gerade noch am Anfang des Spiels waren und durch einen Glitch plötzlich auf die andere Seite der Karte teleportiert werden, aber wenn Sie gern sehen möchten, wie man jedes Gebiet im Spiel effizient und schnell durchspielt, dann ist "glitchless" das Richtige für Sie.

Kompetitive Spiele wie "Valorant", "League of Legends" oder "Rainbow Six Siege" können natürlich nicht in dem Sinne möglichst schnell durchgespielt werden, aber auch hier gibt es Spieler, die beispielsweise in nur einem Stream einen hohen Rang erreichen wollen. In solchen Streams können Sie sehen, was ein sehr guter Spieler anders macht und wie er schnell aufsteigt.

Genau das ist aber auch das Schöne an der Welt der Pros und Streamer, es ist wieder für jeden etwas dabei. Egal, welches Spiel, egal, was genau für ein Run, nach etwas Suchen werden Sie ein E-Sports-Event oder einen Stream finden, der Ihnen dabei hilft, besser zu werden.

Coaches

D ie wichtigsten Tipps und Tricks, die jeder Spieler anwenden kann, kennen Sie nun. Man könnte sagen, dass es jetzt ernst wird. Während die vorigen Tipps eher allgemein waren, sind die folgenden Tipps für die Spieler, die es ernst meinen mit sehr hohen Rängen, dem kompetitiven Spielen und E-Sport.

Wenn Sie ein solcher Spieler sind, können Sie überlegen, in einen Coach zu investieren. Auf Websites wie "gamersensei", "gamercoach" und "gamerlegion" können Coaches für Sessions gebucht werden. Die Coaches sind ehemalige oder aktive E-Sportler, die Ihnen in Ihrem Spiel dabei helfen, besser zu werden.

Sie wissen alles über das Spiel und vermitteln Ihnen dieses Wissen. Deshalb sind Coaches insgesamt eine der besten Methoden, um in einem Spiel besser zu werden.

Aber es gibt natürlich einen Haken, denn Coachings kosten Geld. Es wäre auch etwas zu schön, wenn dem nicht so wäre, aber die Coaches investieren eben auch Zeit in Sie. Die meisten Coaches nehmen zwischen zehn und dreißig Euro die Stunde, aber in manchen Fällen oder für spezielles Training muss man auch mal 90 Euro und mehr ausgeben. Wenn die wirklich guten Coaches sich hinter einer solch hohen Paywall verstecken, schreckt das natürlich ab. Es ist ein hoher Preis, aber wenn Sie überlegen, sich einen Coach zu holen, haben Sie auch ein hohes Ziel.

Nicht jeder Pro-Spieler hat sich einen Coach auf dem Weg an die Spitze geholt, aber sobald Sie einem guten E-Sports-Team beitreten, werden Sie einen bekommen. Gute Coaches sind nämlich das A und O für ein E-Sports-Team. Sie erfüllen viele verschiedene Aufgaben und haben immer das Ziel im Kopf, ihre Spieler zum Erfolg zu bringen.

Zu den Aufgaben eines Coaches gehören das Analysieren der aktuellen Meta, Zeiten für das Trainieren zu setzen und, falls vorhanden, eng mit dem Analysten des Teams zusammenzuarbeiten, um Statistiken einzusehen und spezifische Fehler zu erkennen. Zudem sollen Sie für Zusammenhalt zwischen den Spielern, eine positive Atmosphäre und guten Teamgeist sorgen. Auch um persönliche Probleme von Spielern wird sich gekümmert. Bei so vielen Aufgabenbereichen ist es kein Wunder, dass professionelle Teams oft mehrere Coaches haben, die auf verschiedene Bereiche spezialisiert sind. In Ihrem Fall betreut der Coach natürlich kein ganzes Team, sondern nur Sie, aber gute Coaches werden auch für nur eine Person viele Aufgaben übernehmen.

Wenn Sie sich also ganz sicher sind, dass es im E-Sport klappen kann und Sie das Geld haben, dann könnte sich etwas Hilfe lohnen. Der große Vorteil von Coaches ist, dass Sie spezifische Fragen stellen können und genaue Tipps zu Ihrem individuellen Spielstil bekommen. Zudem haben Coaches oft nicht nur Wissen über das Spiel zu bieten, sondern auch über die E-Sports-Industrie insgesamt. Sie können Ihnen also helfen, Ihre Marke aufzubauen, Ihnen Turniere vorschlagen, in denen Sie einen Namen für sich machen können, und Ihnen vielleicht sogar ein Vorbild sein.
Wenn Sie einen guten Coach finden, der Ihnen langfristig hilft, kann dieser einen sehr positiven Einfluss

auf Ihre Karriere haben. Wenn Sie schlechte Tage haben und Ihre Runden nicht gut liefen, wird ein guter Coach Sie auch emotional unterstützen.

Insgesamt lässt sich sagen, dass es Coaches für alle gibt, auch für Spieler, die noch am Anfang stehen. In diesem Fall müssen Sie dann entscheiden, ob es sich wirklich lohnt, Geld für einen Coach auszugeben. Wenn Sie das Geld haben, werden Sie ein Spiel auf jeden Fall schneller meistern können als ohne Coach. Dennoch sollten Sie im Normalfall erst über einen Coach nachdenken, wenn Sie schon einen recht hohen Rang haben und das Geld-Verdienen mit Zocken nicht mehr allzu unrealistisch zu sein scheint. Informieren Sie sich in diesem Fall vorher, damit Sie nicht unnötig Geld für Coaches ausgeben, die Ihnen Dinge erzählen, die Sie schon wissen.

Recherchieren Sie ein wenig, wo Sie gute Coaches finden, die eventuell auch langfristig für Sie da sind. Umso seltener Sie wechseln müssen, desto besser. Schließlich müssen Sie sich am Anfang gegenseitig kennenlernen, damit das Training auf Ihre individuellen Stärken und Schwächen abgestimmt ist.

Wenn alles passt, können Sie diesen Schritt wagen. Ich kann Ihnen schon jetzt sagen, dass ein Coach, wenn Sie bereits auf einem hohen Level spielen, mit etwas Glück einer der letzten Schritte vor der E-Sports-Karriere ist.

Turniere und Ligen

Wenn Sie sich nun einen Namen in der E-Sports-Szene machen wollen, oder einfach kompetitiv spielen möchten, sind Turniere und Events eine gute Möglichkeit. Keine Sorge, diese gibt es für nahezu alle Ränge, nicht nur für die Besten der Besten. Der erste Name, der einem einfällt, wenn man an Gaming-Turniere für alle Spieler denkt, ist wohl die ESL.

ESL Gaming ist das weltweit größte E-Sports-Unternehmen, welches sowohl Online- als auch

Offlineturniere veranstaltet. Es geht von Profiligen wie den Intel® Extreme Masters und der ESL-Pro League bis hin zu Amateurligen. Sie können sich einfach online registrieren und wählen dann das Spiel aus, in welchem Sie Turniere spielen wollen. Haben Sie Erfolg, machen Sie auf sich aufmerksam, sodass Sie die Chance haben, in immer höheren Ligen mitzumachen. Sie sind nicht auf sich allein gestellt, denn in Teamspielen können Sie und Ihre Freunde sich als Team anmelden und gemeinsam um den Turniersieg kämpfen. Die ESL ist also ein guter Startpunkt, um Erfahrungen mit Turnierformen und dem kompetitiven Spielen zu sammeln.

Im Internet finden Sie jedoch noch viele weitere Möglichkeiten, um in Turnieren zu spielen. "Checkmategaming" und "gameturnier" bieten ähnliche Formate wie die ESL an und halten es etwas übersichtlicher. Aufgrund des Bekanntheitsgrades ist die ESL aber insgesamt wohl die beste Wahl, da Erfolge in den höheren Ligen hier durchaus dabei helfen können, Ihre Persönlichkeit in der E-Sport-Szene zu vermarkten.

Der nächste Schritt ist, ein Team zu finden. Wenn Sie sehr gut sind und in Ihren Turnierspielen herausstechen, kann es sein, dass ein Team Sie findet. Andernfalls können Sie auf Internetseiten wie "Teamfind" mit anderen Spielern und schon bestehenden Teams kommunizieren, um eventuell aufgenommen zu werden. Discord Server, Subreddits und Steamgruppen sind jedoch auch eine gute Möglichkeit.

Warum ist es gut, kompetitiv zu spielen und sich mit Spielern zu messen, die möglicherweise sogar besser sind als Sie? Da Sie auch dadurch viel lernen können, zum Beispiel, wie andere Gamer auf Ihrem Niveau spielen. In Online-Ranglistenspielen wird die Erfahrung immer etwas anders sein als gegen ein eingespieltes, ebenfalls miteinander kommunizierendes Team. Durch Turniere und Events holen Sie sich Erfahrung, die über das simple Spielen hinausgeht.

Lassen Sie uns zuletzt noch auf den Unterschied zwischen Ligen und Turnieren eingehen. Zunächst muss man sagen, dass Ligen natürlich deutlich länger dauern. Während manche Turniere nur über ein Wochenende ausgetragen werden, würden Sie in einer Liga über mehrere Monate hinweg spielen. Der Vorteil davon ist jedoch, dass Sie sich viel mit anderen Teilnehmern austauschen, mit der Zeit besser werden und allgemein einem normalerweise freundlichen Umfeld beitreten. Um den Spielern entgegenzukommen, müssen Sie in Amateurligen nicht immer zu einer bestimmten Zeit da sein. Klar, irgendwann werden Sie spielen müssen, aber es gibt in der Regel mehrere Termine, von denen Sie sich einen aussuchen können, der Ihnen passt.

Turniere gehen schneller. Sie können sich allein oder mit Ihrem Team anmelden und in manchen Fällen direkt um Preise spielen. Wenn Sie jedoch einmal einen schlechten Tag haben, scheiden Sie aus. Sollte es dann noch um Preisgeld gehen, werden wahrscheinlich viele sehr gute Spieler teilnehmen, die Ihnen den Sieg nicht einfach so hergeben werden. Falls Sie aber doch Lust haben und Ihr Glück einfach mal versuchen möchten, dann hält Sie nichts auf. Schaden kann es nicht, und wer weiß – vielleicht sind Sie besser als alle anderen und holen sich nicht nur Preise, sondern auch Prestige ab.

Wie wäre es, E-Sportler zu sein?

Wir nähern uns nun dem Ende dieses Ratgebers, weshalb ich in diesem letzten Kapitel noch mal die wichtigsten Tipps, um ein besserer Gamer zu werden, zusammenfassen möchte. Zuletzt werde ich dann darauf eingehen, was es heißt, E-Sportler zu werden und zu sein.

Während im ersten Teil dieses Buches die Grundvoraussetzungen erklärt wurden, ergeben sich aus dem zweiten Teil fünf Kernpunkte, die Sie am weitesten bringen werden.

1. Spielen, spielen, spielen
2. Replays
3. Von den Besten lernen
4. Coaches
5. Turniere und Ligen

Sie fangen also damit an, was Sie wahrscheinlich eh schon tun. Sie spielen das Spiel, in welchem Sie besser werden möchten. Umso mehr Sie spielen, desto besser, aber achten Sie darauf, niemals Ihre Arbeit, Ihren Körper oder soziale Kontakte zu vernachlässigen.

Gewöhnen Sie sich dann an, ab und zu Replays von gespielten Runden zu schauen. Achten Sie darauf, was Sie im Nachhinein hätten besser machen können. Wenn Sie noch einen Schritt weiter gehen möchten, vergleichen Sie Ihre Replays mit denen von Pro-Spielern.

Dies knüpft gut an Schritt drei an, denn wenn Sie von sich selbst nicht mehr viel lernen können, dann lernen Sie von den besten Spielern, die das jeweilige Spiel zu bieten hat. Suchen Sie sich aus, ob Sie lieber E-Sport oder Twitch-Streams schauen, und achten Sie darauf, was diese Spieler noch anders machen als Sie. Idealerweise können Sie natürlich beides schauen.

Dies waren die Schritte, die wirklich jeder machen kann, der sich einfach nur etwas verbessern möchte.

Die letzten beiden Schritte sind ein etwas höheres Investment, aber wenn Sie die Motivation haben und von einer E-Sport-Karriere träumen, bringen Sie diese Punkte ein gutes Stück näher.

Also, Schritt Nummer vier, Coaches. Holen Sie sich einen guten Coach, mit dem Sie zurechtkommen. Im Idealfall werden Sie nicht nur im Spiel, sondern auch mental unterstützt. Den richtigen Coach zu finden, nimmt Zeit und natürlich auch Geld in Anspruch, aber langfristig wird es sich lohnen. Coaches gehen schließlich genau auf Ihre persönlichen Stärken und Schwächen ein, sodass sie eine der effektivsten Möglichkeiten sind, um deutlich besser zu werden.

Wenn Sie sich nun einen Namen machen wollen, nehmen Sie an Ligen und Turnieren teil. Wenn Sie Erfolge haben, steht die Chance nicht schlecht, dass Sie ein Team finden werden, mit dem Sie dann Ihre Karriere starten. Es geht bei Turnieren und Ligen insgesamt viel darum, sich als Spieler zu vermarkten. Trotzdem sei dazu gesagt, dass an sich jeder mitmachen kann. Es gibt genug Amateurligen, in denen Sie sich, selbst wenn Sie es nicht so ernst meinen mit der E-Sports-Karriere, eine kompetitive Erfahrung holen können. Mit einem Team aus ein paar Freunden werden Sie sicherlich Spaß daran haben, sich mit anderen zu messen. Schließen wir dieses Buch mit einem Gedankenexperiment ab: Sie spielen schon seit Jahren ein Spiel, welches Ihnen immer noch Spaß macht. Durch das viele Spielen sind Sie natürlich besser geworden, aber Sie wissen, dass Sie noch mehr können. Also setzen Sie sich das Ziel, E-Sportler zu werden.

Sie spielen noch mehr Stunden am Tag und analysieren nach Gaming-Sessions Ihre Replays. Was noch an Freizeit bleibt, wird dafür genutzt, professionellen Gamern beim Spielen zuzusehen. Von diesen schauen Sie sich weitere Mechaniken und Spielzüge ab. Sie merken, wie es in den Ranglistenspielen bergauf geht. Sie entschließen sich, einfach mal Ihr Glück zu versuchen. Sie laden ein paar Freunde ein, um mit Ihnen an einem Amateurturnier teilzunehmen.

Es läuft zunächst ganz gut, aber im Viertelfinale haben Sie keine Chance mehr. Trotzdem hat es Ihnen Spaß gemacht, kompetitiv gegen andere Teams zu spielen. Außerdem waren Sie der beste Spieler aus Ihrem Team und sehen immer noch Potenzial in sich. Deshalb wagen Sie den nächsten Schritt und holen sich einen Coach. Es ist zwar nicht billig, aber Sie merken, dass Sie aus den Coaching-Sessions wirklich etwas mitnehmen. Sie lernen schnell und spielen konstant auf einem sehr hohen Level. Inzwischen sind Sie in den

TOP eins Prozent aller aktiven Ranglistenspieler. Sie haben gerade viel Freizeit und sehen dies als die perfekte Gelegenheit, sich für eine Liga anzumelden. Langsam, aber sicher arbeiten Sie sich nach oben.

Die Konkurrenz wird merkbar härter, aber auch Sie sind ein hervorragender Spieler. Trotzdem wurden Sie noch nicht von einem Team angesprochen, weshalb Sie noch mal auf sich aufmerksam machen wollen. Sie streamen Ihr Gameplay auf Twitch und laden die Highlights auf YouTube hoch. Auch Spiele für die Liga streamen Sie, diese Streams bringen normalerweise ein paar mehr Zuschauer. Es dauert, aber nach zwei Monaten des aktiven Streamens haben Sie ein paar Fans. Eine kleine Menge der aktiven Zuschauer der Liga merkt sich Ihren Namen und freut sich, wenn Sie Kills machen oder gewinnen. Dennoch kriegen Sie keine Anfragen. Deshalb networken Sie noch mehr.In der Steamgruppe Ihres Spiels, auf dem Subreddit und auf einem Discord-Server schreiben Sie, dass Sie ein Team suchen.

Tatsächlich schreibt Sie ein Discord-Moderator an und gibt Ihnen eine E-Mail-Adresse, bei der Sie sich für ein Team bewerben können. Ihr Coach legt noch ein gutes Wörtchen für Sie ein und Sie werden angenommen. Sie haben endlich ein Team.

Was Sie jetzt lernen müssen, ist das Spielen im Team. Sie sind nicht mehr, wie im Turnier mit Ihren Freunden, in jeder Runde derjenige mit den meisten Kills. Sie sterben ab und zu, da Sie zu aggressiv spielen. In Ihrer vorigen Liga ging das normalerweise, aber die Teams, gegen die Sie jetzt ran müssen, sind noch koordinierter und noch gefährlicher. Deshalb muss sich jetzt Ihr Spielstil leicht ändern. Er geht nun eher in Richtung der E-Sportler, die Sie früher noch aktiv verfolgt haben, deren defensives Gameplay sich aber nicht immer auf normale Onlinerunden anwenden ließ. Sie müssen mit Ihrem Team spielen und Ihr Team mit Ihnen. Mit der Zeit gewöhnen Sie sich an diese neue Art, zu spielen.

Nachdem Sie ein eingespieltes Team geworden sind, feiern Sie wieder mehr Erfolge. Jetzt, da Sie sich an den kompetitiveren Spielstil vollständig gewöhnt haben, haben Sie wieder öfter die meisten Kills. Sie mögen Ihre Mitspieler, aber umso mehr Sie spielen, desto mehr merken Sie auch, dass noch mehr gehen würde. Hält Ihr Team Sie zurück? Noch sind Sie sich nicht ganz sicher. Das Ende der Saison rückt näher und Ihr Team liegt auf der Tabelle im unteren Drittel. Nicht ganz das, worauf Sie am Anfang gehofft hatten, aber es war schließlich auch Ihre erste Saison in dieser Liga und auf diesem Niveau. In der zweiten Saison geben Sie alles. Sie bringen Glanzleistungen im Spiel und sind motiviert, immer besser zu werden.

Sie engagieren sich am meisten und trainieren am längsten. Selbst gegen die stärksten Teams machen Sie es knapp. Am Ende der Saison wissen Sie aber, dass es alles nicht reichen wird. Sie merken, dass Ihr Team nicht mit Ihren Leistungen mithalten kann. Am Morgen des letzten Spieltages sind Sie noch etwas frustriert, wachen aber mit einer E-Mail auf, die alles verändern könnte. Sie stammt von dem Manager eines anderen Teams, der nach Talenten sucht, da einer seiner Spieler zum Ende der Saison aufgehört hat. In den Spielen, die Sie gegen dieses Team gespielt haben, stachen Sie besonders heraus.

Sie nehmen das Angebot an und freuen sich auf die nächste Saison. Der Start ist etwas holprig, wenn man ein neues Team hat, muss man sich eben immer erst mal einspielen. Dann geht es aber steil bergauf. Ihr Team dominiert die Liga und qualifiziert sich für das Finale. Sie und Ihre Mitspieler sind natürlich nervös, weshalb die ersten Runden viel zu knapp für Ihren Geschmack sind. In einer Pause zwischen den Runden muntert Ihr Coach Sie aber noch mal auf. Wenn Sie an die Spitze wollen, müssen Sie sich auf der großen

Bühne beweisen. Nach der Rede Ihres Coachs können Sie den Zuschauern endlich zeigen, dass Ihr Team an diesem Abend das bessere Team ist. Der Moment, von dem Sie so lange geträumt haben, ist gekommen.

Gut, das Gedankenexperiment kann an dieser Stelle wohl abgeschlossen werden. Es ist eine schöne Vorstellung, aber die Chancen, dass wirklich alles so funktioniert wie in diesem Beispiel, sind nicht sehr hoch. Es ist wirklich keine leichte Aufgabe, einen guten Coach zu finden. Viele wirken vielleicht so, als ob sie wichtige Dinge sagen, bringen aber eigentlich keinen richtigen Mehrwert mit. Es ist ebenfalls eher unrealistisch, schnell auf Livestreamingplattformen wie Twitch zu wachsen. Umso besser das Gameplay, desto mehr Zuschauer werden Ihnen gern beim Spielen zusehen, aber diese Zuschauer müssen auch erst mal Ihren Stream finden. Auf möglichst vielen Social-Media-Plattformen präsent zu sein, kann zwar dabei helfen, Ihren Namen bekannter zu machen, etwas Glück gehört jedoch dazu.

Aber auch, wenn die Chancen gering sein mögen, sind sie niemals null. Mit viel Motivation, sehr viel investierter Zeit und etwas Glück können Sie den Sprung zum E-Sportler schaffen.

Egal, ob es nun dieser Weg sein soll oder ob Sie den Ratgeber einfach nur gelesen haben, um in Ihrem Lieblingsspiel etwas besser zu werden, an dieser Stelle sind wir am Ende angekommen. Deshalb bleibt mir nichts mehr anderes übrig als Ihnen "good luck, have fun" zu wünschen. In dem Sinne: good luck, have fun.

Herstellung und Verlag:

BoD – Books on Demand, Norderstedt

ISBN: 9783755757863

1. Auflage

Kontakt: Psiana eCom UG/ Berumer Str. 44/ 26844 Jemgum

Covergestaltung: Fenna Larsson

Coverfoto: depositphotos.com